나비 관찰 백과

나비 관찰 백과

BUTTERFLIES FOR KIDS
작은 애벌레로 태어나 아름다운 날개를
펼치는 위대한 나비 이야기

로렌 데이비슨 지음 | 이은경 옮김

바이킹

Butterflies for Kids by Lauren Davidson
Copyright © 2021 by Rockridge Press, Emeryville, California
Illustrations © 2020 Kate Francis
First published in English by Rockridge Press, an imprint of Callisto Media, Inc.

Korean Translation Copyright © 2022 BONUS Publishing Co.
Korean edition is published by arrangement with Callisto Media, Inc.
through Corea Literary Agency(CLA), Seoul

이 책의 한국어판 저작권은 Corea 에이전시를 통한 Callisto Media, Inc.와의 독점 계약으로 보누스출판사에 있습니다.
저작권법에 의하여 보호를 받는 저작물이므로 무단전재와 무단복제를 금합니다.

차 례

반가워요, 어린이 과학자 여러분! 7

1장 놀라운 나비 9

나비는 무엇인가요? 11
고대의 나비 11
곤충 분류법 알아보기 12
더듬이부터 뒷날개까지 14
나비일까, 나방일까? 15
나비의 한살이 16
아주 작은 시작 17
배고픈 애벌레 18
번데기 준비 21
나비의 탄생 23
꽃의 꿀 마시기 25
나비의 특이한 습성 26
짝을 찾아서 27
나비와 환경 29

2장 나비들을 더 가까이 31

은색얼룩무늬팔랑나비 32
작은유리팔랑나비 33
검댕날개팔랑나비 34
체크무늬팔랑나비 35
파이프바인호랑나비 37
왕호랑나비 38
이스턴호랑나비 39
검은호랑나비 40
얼룩말호랑나비 41
슬리피오렌지나비 44
구름유황나비 45
서던도그페이스나비 46
배추흰나비 47
체크무늬흰나비 48
팽나무황제나비 49
제왕나비 50

걸프표범나비 52	붉은제독나비 61
큰스팽글무늬표범나비 53	작은멋쟁이나비 62
미국뿔나비 54	하베스터나비 64
총독나비 55	작은주홍부전나비 65
남방공작나비 56	서부피그미블루부전나비 66
신선나비 58	회색부전나비 67
펄크레센트나비 59	모르몬메탈마크나비 69
물음표무늬네발나비 60	노던메탈마크나비 70

더 알아보기 74   용어 풀이 76   찾아보기 78

반가워요, 어린이 과학자 여러분!

팔랑팔랑 날갯짓이 아름다운 나비를 좋아하나요? 여러분은 나비에 대해 더 알고 싶다고 느낀 적이 있나요? 나비도 사람처럼 밤에 잠을 잘까요? 왜 나비의 날개는 화려하고 다채로울까요? 통통한 애벌레가 어떻게 아름답고 우아한 나비로 변하는 걸까요? 이 모든 게 궁금했다면, 여러분이 바로 어린이 과학자랍니다!

이제 여러분은 이 매혹적인 곤충에 대해 배울 거예요. 애벌레가 어떻게 성장하는지, 번데기 안에서 무슨 일이 일어나는지, 나비는 어떻게 자신의 짝을 찾는지 모두 알 수 있어요. 나비는 햇볕을 쬐며 혈액을 따뜻하게 데우거나 진흙 같은 습한 곳에서 영양분을 섭취해요. 이렇게 다양한 경로로 영양분을 섭취하는 걸 퍼들링(puddling) 또는 머드 퍼들링(mud-puddling)이라고 해요. 나비의 특이한 행동도 탐구할 수 있지요. 여러분은 밖에서 만나는 나비들과 전보다 더 친하게 지내게 될 거예요.

혹시 나비를 키워 보고 싶나요? 애벌레가 자라서 나비가 될 때까지 여러분이 무엇을 알아야 하고 준비해야 하는지도 알려 줄게요. 자, 그럼 탐험을 시작합시다!

로렌 데이비슨

1장
놀라운 나비

예쁜 날개로 하늘을 나는 나비는 많은 사람이 좋아하는 곤충이에요. 여러분은 지구상에 약 2만여 종의 나비가 있다는 사실을 알고 있나요? 각 종은 자신의 서식지에서 살아남기 위해 나름의 적응 방법과 생존 방식을 가지고 있어요. 과학자들은 아직 발견하지 못한 나비들이 수천 종에 이른다고 추측해요.

나비는 남극 대륙을 제외한 전 세계 곳곳에서 볼 수 있어요. 왜냐하면 나비는 다양한 환경에서 살기 위해 수백만 년 동안 진화해 왔기 때문이죠. 그러니 여러분은 나비를 찾기 위해 멀리 갈 필요가 없어요. 집 주변 공원이나 숲 그리고 여러분이 살고 있는 집 마당에서도 나비를 쉽게 볼 수 있거든요!

여러분이 어느 지역에 사느냐에 따라, 집 근처에서 100종이 넘는 나비를 발견할 수도 있어요. 공책과 연필을 들고 밖으로 나가 볼까요? 나비를 발견하면 공책에 특징을 기록하고 나비의 모습을 그려 보세요. 언젠가 여러분이 나비를 탐구하는 나비 연구가가 될 수도 있으니까요!

북극나비는 결빙 온도에서도 생존할 수 있어요.

나비는 무엇인가요?

나비는 곤충이에요. 곤충은 등뼈가 없는 무척추동물이죠. 대신 외골격이라고 불리는 단단한 외피가 몸을 감싸고 있어요. 외골격은 우리의 손톱을 형성하는 물질과 같은 키틴질로 이루어져 있어요! 나비를 포함한 모든 무척추동물은 변온 동물이에요. 변온 동물은 체온을 조절하는 능력이 없어 바깥 온도에 따라 체온이 변해요.

나비는 다른 곤충처럼 머리, 가슴, 배, 3개의 신체 부분과 2개의 더듬이, 6개의 다리, 4개의 날개를 가지고 있어요. 하지만 다른 곤충들과 구별되는 특징이 있어요. 나비의 날개는 키틴질의 외골격으로 만들어진 비늘로 덮여 있으며 발로 맛을 본다는 것이죠.

여러분은 다른 곤충들의 이름을 얼마나 알고 있나요? 곤충은 나비와 어떻게 다른가요? 비슷하다면 나비와 어디가 비슷한가요?

고대의 나비

나비 이전에 나방이 있었어요. 나방은 약 1억 년 전에 처음 나타났답니다. 고대의 나방은 변화하는 날씨, 부족한 식량, 진화하는 고대 식물들에 적응해야만 했어요. 일부 과학자들은 이러한 환경에 적응하고 진화한 나방이 나비가 된 것이라고 믿고 있어요.

가장 오래된 나비 화석은 4천만 년에서 5천만 년 정도 되었답니다. 고대의 나비는 오늘날의 나비와 생김새는 많이 닮았지만, 아마 평범한 색의 날개를 가졌을 거예요.

프로드리야스 페르세포네(*Prodryas persephone*)는 신생대 고제3기 팔레오세와 올리고세 사이에 위치한 에오세 시대의 암석 화석에서 발견된 고대 나비예요.

곤충 분류법 알아보기

식물과 동물은 '분류학'에 따라 분류하고 이름을 붙여요. 분류학은 사다리와 같아요. 사다리의 맨 위는 지구상의 생물을 모두 포함합니다. 한 칸씩 내려갈 때마다 생물에 대한 정보를 더 자세히 얻을 수 있어요.

지구상의 모든 생명체는 분류학 사다리의 여덟 단계를 이용해 설명할 수 있어요. 역, 계, 문, 강, 목, 과, 속 마지막으로 종이에요. 나비는 인시목(鱗翅目)이라 불리는 곤충의 한 목에 속해요. 13쪽에 있는 도표는 제왕나비의 분류 체계를 보여 줘요. 여러분은 아마 제왕나비를 군주나비라는 이름으로 알고 있을 수도 있어요.

알고 있었나요?
인시목이란 단어는 '비늘로 뒤덮인 날개'라는 뜻이에요.

더듬이부터
뒷날개까지

나비의 모양과 크기는 다양해요. 세계에서 가장 작은 나비는 무엇일까요? 바로 서부피그미블루부전나비예요. 이 나비의 날개 길이는 12밀리미터예요. 10원짜리 동전보다도 작아요. 그렇다면 세계에서 가장 큰 나비는 무엇일까요? 퀸알렉산드라버드윙이에요. 날개 길이만 25센티미터가 넘죠. 현재 이 나비는 멸종 위기에 처해 있어요.

나비는 머리, 가슴, 배, 3개의 신체 부분으로 이루어져 있어요. 머리에는 2개의 눈과 2개의 더듬이가 있고요. 다리는 6개예요. 나비는 다른 곤충들보다 더 많은 색깔을 보고 냄새를 맡아요. 주둥이라고 불리는 길고 빨대 같은 입도 가지고 있죠. 나비의 가슴에는 4개의 날개가 있어요.

나비의 날개는 살아 있는 조직 세포로 이루어져 있어요. 날개 안에는 혈액 림프가 흐르는 혈관을 비롯해 향기를 내는 패드가 있어요. 또한 나비는 날개를 펄럭이면서 열을 낸답니다. 나비는 어떻게 숨을 쉴까요? 나비의 배에는 기공이라고 불리는 작은 구멍이 있어요. 이 구멍을 통해 숨을 쉬어요.

알고 있었나요?
얼룩말나비와 같은 일부 나비들은 특이한 짝짓기 방법을 가지고 있어요. 수컷은 번데기에서 완전히 나오지도 못한 암컷과 짝짓기를 해요!

나비일까, 나방일까?

여러분은 나비와 나방을 구별할 수 있나요? 나비는 보통 밝은 색을 띠며 낮에 활동해요. 반면 나방은 색이 다채롭지 않고 밤에 활동해요. 나방의 날개는 주변 환경과 조화를 이루며 보호색을 띠는 경우가 많은데, 나방이 쉬는 동안 천적에게 눈에 띄지 않게 해요. 나비 머리의 양끝에는 동그란 곤봉처럼 생긴 더듬이가 있어요. 나방은 깃털 모양의 굵은 더듬이를 가지고 있죠. 나비의 몸은 대체로 날씬하지만, 나방의 몸은 밤에 활동하는 동안 체온을 유지하기 위해 솜털로 덮여 있어요.

나비	나방
밝고 다채로운 날개	칙칙해 보이는 날개
얇고 매끄러운 몸	두텁고 솜털이 보송보송한 몸
곤봉처럼 생긴 더듬이	깃털 모양의 굵은 더듬이
쉴 때 접히는 날개	쉴 때 펼쳐진 날개
낮에 활동적임	밤에 활동적임

놀라운 나비

나비의 한살이

나비의 한살이를 알아볼까요? 나비는 알, 애벌레, 번데기, 어른벌레의 과정을 거쳐요. 나비는 알로 태어나 삶을 시작해요. 일주일 정도 지나면 작은 애벌레가 부화해요. 이때 애벌레는 성장하기 위해 최대한 많은 영양분을 섭취해요. 몇 주 지나면 애벌레는 안전한 장소를 찾아 **번데기**가 돼요. 번데기 안에서 마침내 다 자란 나비로 변한답니다. 이 과정은 짧게는 며칠이면 끝나지만, 훨씬 더 오래 걸릴 수도 있어요.

이러한 곤충의 한살이를 **완전 탈바꿈**이라고 해요. 벌, 파리, 딱정벌레, 벼룩과 같은 많은 곤충이 완전 탈바꿈을 하지요. 메뚜기나 바퀴벌레와 같은 다른 곤충들은 알, 약충, 어른벌레의 세 단계를 거치며 불완전 탈바꿈을 해요. 불완전 탈바꿈은 번데기 과정을 거치지 않아요. 어른벌레가 되었을 때도 몸의 생김새는 크게 변하지 않는답니다.

자세히 보기

각 나비종은 다양한 방법으로 겨울을 나요. 이것을 **월동**이라고 하죠. 어떤 나비종은 따뜻한 곳으로 이주해요. 또 다른 나비종은 다시 따뜻해질 때까지 먹지 않거나 휴면기에 들어가요. 또는 알, 번데기, 애벌레, 심지어 어른벌레 상태로 겨울을 나기도 해요.

아주 작은 시작

나비는 종마다 각각 다른 종류의 식물에 알을 낳아요. 이런 식물을 그 나비의 기주 식물이라고 해요. 나비는 대체로 따뜻한 시기인 봄에서 가을 사이에 알을 낳아요. 먼저 식물에 착지해 발로 맛을 보면서 완벽한 기주 식물을 찾아내죠. 나비가 적당한 기주 식물을 찾으면, 보통 나뭇잎 아래에 알을 낳아요.

알은 매끄럽고 둥글거나, 무늬가 있는 타원형 또는 다른 모양일 수도 있어요. 알은 한 번에 하나씩 낳을 수도 있고, 한꺼번에 많이 낳을 수도 있어요.

하지만 자연에서 알이 살아남기는 쉽지 않아요. 날씨의 변화와 주변에 있는 포식자들 때문이에요. 알은 약 일주일이 지나면 부화하지만, 어떤 알은 겨울 내내 동면하기도 해요. 나비는 종을 번식하고 유지하기 위해 일생 동안 수백 개의 알을 낳는답니다.

알고 있었나요?
나비가 낳는 알의 90퍼센트 이상이 포식자에게 잡아먹히거나 질병 또는 다른 요인들 때문에 어른벌레가 되지 못하고 사라져요.

놀라운 나비

배고픈 애벌레

나비 애벌레는 적당한 때가 되면 알을 깨물어 뚫고 나와요. 이때 애벌레의 크기는 알보다 작아요. 탈바꿈의 두 번째 단계인 애벌레 시기는 성장하는 것이 전부예요. 애벌레는 곧바로 알 껍질을 먹으며 첫 번째 식사에 돌입하죠. 그런 다음 알이 있던 곳인 기주 식물을 먹기 시작해요. 아무것도 남지 않을 때까지 기주 식물을 우적우적 씹어 먹을 때도 있어요. 애벌레는 위대한 여정을 시작하기 위해 부지런히 영양분을 얻어요. 이렇게 먹이를 먹으면서 몇 주를 보내면, 애벌레 크기는 처음 알에서 나왔을 때보다 1,000배 이상이 되기도 한답니다!

알고 있었나요?

여러분은 나비라는 이름이 어디에서 왔는지 알고 있나요? 여러 가지 주장이 있지만, 납작한 것이 날아다닌다는 뜻인 '나불나불'에서 왔다는 설이 가장 유력해요.

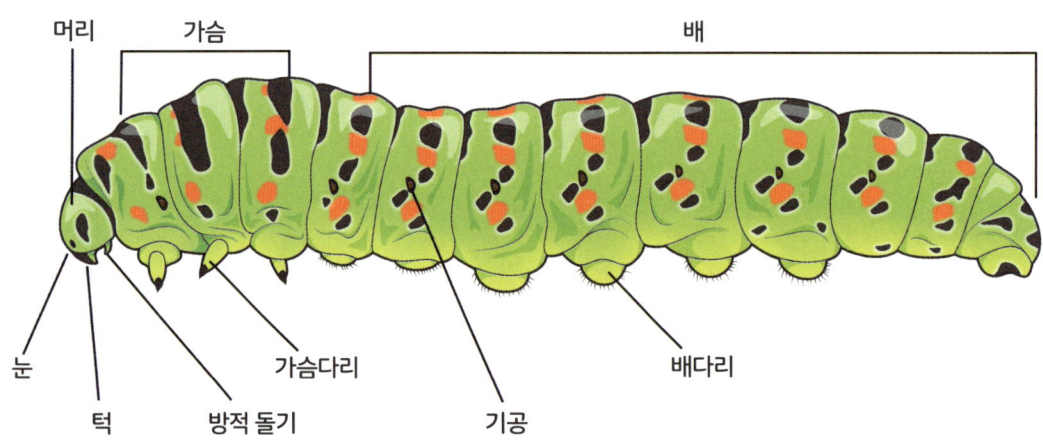

먹이를 섭취하기에 알맞은 몸

애벌레는 6개의 가슴다리로 걸어 다니지만, 긴 몸을 지탱하려면 추가적인 도움이 필요해요. 이때 배에 있는 굵고 짧은 배다리가 도움을 주죠. 배다리는 애벌레 때만 있고 다 자라면 없어져요. 배다리 끝에는 보송보송한 털이 나 있어서 표면을 잡는 데 유용해요.

애벌레는 눈이 여러 쌍 있지만 시력은 안 좋아요. 그래서 먹이를 찾기 위해 작은 더듬이를 사용해 주변의 냄새를 맡아요. 애벌레는 단단하고 강한 턱을 가지고 있어요. 덕분에 기주 식물을 우적우적 계속 씹을 수 있답니다. 매끄러운 턱을 가진 애벌레도 있고, 턱이 털로 덮여 있어 푹신해 보이는 애벌레도 있어요.

먹이 찾기

애벌레는 필요한 영양분을 얻기 위해 기주 식물을 먹어요. 며칠에서 몇 주까지 계속해서 쉬지 않고 먹이를 먹어요. 너무 많이 먹기 때문에 당연히 많은 똥을 내보내요!

어떤 애벌레는 다른 생물을 잡아먹기도 해요. 고운점박이푸른부전나비 애벌레는 개미가 내는 소리를 흉내 낼 수 있어요. 그러면 개미는 애벌레를 개미 애벌레로 오해하고 개미집으로 데려가요. 일단 개미집에 들어간 고운점박이푸른부전나비 애벌레는 개미의 알과 애벌레를 닥치는 대로 잡아먹는답니다!

놀라운 나비

저는 탈피 중이에요!

애벌레의 몸은 빠르게 성장해요. 하지만 외골격은 늘어나지 않기 때문에, 더 크게 자라려면 벗어야만 해요. 외골격이 애벌레의 머리 근처에서 갈라지면, 애벌레는 갈라진 틈에서 기어 나와 새 피부를 드러내요. 이러한 과정을 **탈피**라고 불러요.

나비들은 대부분 5개의 **령**(齡)이라는 탈피 단계를 거쳐요. 1령은 애벌레가 알에서 부화할 때예요. 2령은 첫 번째 탈피 이후, 3령은 두 번째 탈피 이후이고 나머지 단계도 이와 같이 진행돼요. 애벌레는 탈피를 하지 않으면 성장할 수 없어요. 탈피하면서 나오는 새로운 피부는 매우 연약해서 굳을 때까지 가만히 있어야 해요. 이때는 주변 포식자들의 먹이가 될 위험이 높으므로 주의해야 해요. 새로운 피부가 단단하게 형성되면, 애벌레는 벗어 두었던 오래된 피부를 먹는답니다!

제왕나비 애벌레의 탈피

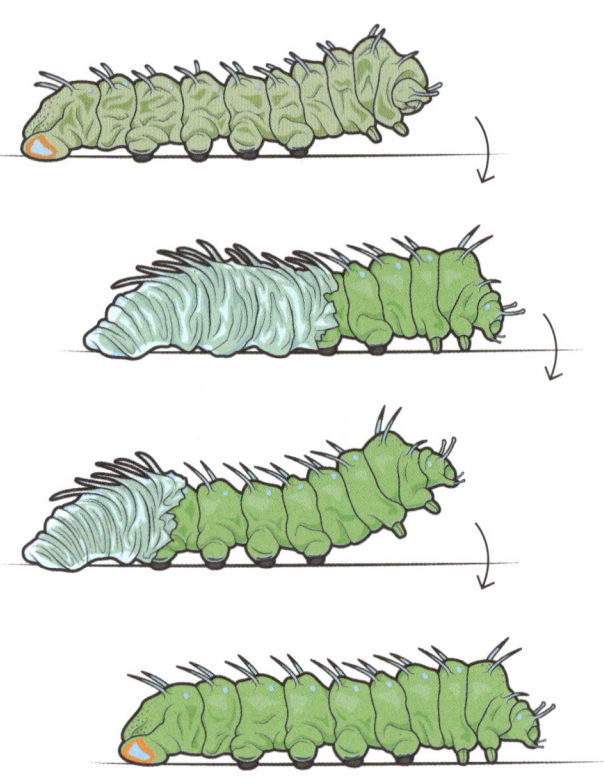

애벌레의 탈피 과정 간단히 보기
(위에서 아래 순서로)

번데기 준비

마지막 5령(종령)이 되면 애벌레는 기주 식물을 떠나요. 그리고 안전하게 보호받을 수 있는 장소를 찾아요. 애벌레는 번데기가 되기 위해 입으로 비단실을 뽑아요. 그런 다음 몸을 비단실에 고정하고 구부리기 시작해요. 이때 애벌레의 외골격이 탈피할 때처럼 갈라져요. 애벌레는 번데기 안에서 꿈틀거리면서 오래된 피부를 뭉쳐 완전한 번데기를 형성해요. 번데기 단계는 며칠에서 길게는 2년 정도까지 지속될 수 있어요.

알고 있었나요?
나비가 번데기에서 나올 때는 온 힘을 다해 껍질을 찢어요. 이때 나비는 하늘을 날아갈 힘을 키운다고 해요.

나뭇가지에 매달려 있는
제왕나비 번데기

자세히 보기

― 꼬리 돌기
― 배
― 더듬이
― 날개 딱지
― 주둥이
― 다리
― 눈

고대 그리스어로 번데기는 '금'을 의미했어요. 많은 나비 번데기가 황금색 점을 가지고 있거나 금으로 만들어진 것처럼 보였기 때문이죠. 번데기 상태에서 특별한 효소 단백질이 애벌레의 모습을 차츰 사라지게 만들어요. 그리고 나비의 생김새가 형성돼요. 번데기를 자세히 들여다보면 날개, 더듬이, 다리, 주둥이를 볼 수 있답니다.

고치는 벌레가 실을 내어 지은 집을 말하고, 번데기는 고치 속에 들어 있는 몸을 말해요. 그런데 나비의 번데기는 고치가 없어요. 일부 나방 애벌레가 번데기 주변에 비단 주머니 같은 고치를 만들어요. 말벌과 파리 같은 다른 곤충 애벌레들도 고치를 만들어요.

나비의 탄생

번데기는 점점 어두운 색으로 변해요. 더 시간이 지나면, 나비 날개가 비칠 정도로 투명해져요. 다 자란 나비는 온 힘을 다해 번데기를 쪼개서 열고 나와 몸을 내밀어요. 마침내 나비가 세상에 나오면 날개는 젖어 있고 배는 둥글게 말린 상태예요. 이때는 아직 나비처럼 보이지 않아요! 나비는 곧 몸에 있는 액체를 끌어 올려 구겨진 날개를 펼치기 시작해요.

> **알고 있었나요?**
> 사실 나비의 날개는 투명해요. 날개에 있는 비늘이 빛에 비쳐서 우리 눈에는 다채롭게 보이는 거죠. 중앙아메리카에 사는 유리나비와 같은 일부 나비들은 날개에 비늘이 없어서 투명하답니다.

날개가 완전히 펼쳐지고 마르기까지 보통 몇 시간이 걸려요. 날개가 활짝 펴지면 나비는 처음으로 날갯짓을 해요. 이것이 나비 최초의 비행이에요.

놀라운 나비

자세히 보기

나비 날개에는 근육이 없어요. 그렇다면 나비는 어떻게 날 수 있는 걸까요? 나비는 뼈가 없기 때문에 근육이 외골격에 붙어 있어요. 그래서 날기 위해 가슴 근육을 수축하거나 조여요.

이렇게 하면 나비의 날개 아래로 공기가 밀려 들어가요. 이 공기의 움직임으로 나비가 날 수 있는 거예요. 나비는 앞날개와 뒷날개를 따로 움직일 수 있어서 위협을 받으면 불규칙하게 이리저리 날 수 있답니다. 이러한 비행 방식 때문에 나비 연구가나 천적들이 나비를 잡기 어려운 거예요.

꽃의 꿀 마시기

나비는 많은 에너지가 필요해요. 짝을 찾고, 이주하고, 기주 식물을 찾아야 하니까요. 나비의 주된 에너지원은 꽃의 꿀이에요. 일부 나비들은 꽃가루 말고도 썩어 가는 과일, 수액, 심지어 죽은 동물도 먹이로 삼아요. 나비의 주둥이는 나선형으로 감긴 빨대 같아서 액체만 마실 수 있어요. 그래서 꽃가루와 같은 고체 물질을 빨아들이기 전에는 침으로 녹여야 해요. 나비는 액체만 마시기 때문에 똥을 싸지 않는답니다!

나비의 특이한 습성

나비는 특이한 습성이 있어요. 그들은 주변 온도에 의해 체온이 변하는 변온 동물이에요. 나비는 추운 날이면 햇볕이 잘 드는 곳에 앉아서 날개를 활짝 펴고 태양열을 흡수해요. 이것은 혈액을 따뜻하게 데우기 위해 햇볕을 쬐는 나비의 특이한 행동이에요.

퍼들링(puddling) 또는 머드 퍼들링(mud-puddling)은 나비가 진흙이나 습한 곳에서 소금과 미네랄 같은 영양분을 흡수하는 것을 말해요. 퍼들링은 혼자 하기도 하고, 무리를 지어서 하기도 해요. 썩어 가는 동물이나 식물, 동물의 똥에서도 퍼들링을 한답니다. 심지어 악어의 눈가에 모여 앉아 눈물을 마시며 미네랄을 섭취해요!

나비는 밤에 휴식을 취해요. 사람처럼 잠을 자지는 않지만, **휴면 상태**가 되죠. 대부분의 나비종은 식물의 잎 아랫부분에서 혼자 휴식을 취하지만, 어떤 나비종은 무리를 지어 매일 밤 같은 장소로 돌아와 쉬어요. 이것을 집단 보금자리라고 하죠. 연구가들은 나비가 이렇게 무리를 지어 행동하는 이유가 천적에 대항하기 위해서라고 생각해요.

알고 있었나요?
동남아시아에서 온 끝주홍큰흰나비는 청자고둥이 지닌 치명적인 독과 유사한 독소를 가지고 있어요.

짝을 찾아서

어른이 된 나비는 매우 짧은 일생을 보내요. 대부분 몇 주밖에 살지 못하거든요. 번데기에서 나온 후, 나비는 재빨리 짝을 찾아야만 해요. 짝짓기는 계절에 따라 이루어져요. 애벌레가 부화해서 충분한 먹이를 확보할 수 있는 환경이 되면 짝짓기를 하죠.

많은 수컷 나비가 날개 패턴을 이용해서 암컷을 찾아요. 암컷을 발견하면, 수컷은 가까이 다가가 페로몬을 뿌려서 신호를 보내요. 페로몬은 같은 종의 나비들이 의사소통하기 위해 사용하는 화학 물질이에요. 암컷이 수컷의 청혼을 받아들이면, 두 나비는 짝짓기를 하지요.

알고 있었나요?

작고 예쁜 나비들도 싸울까요? 물론이에요. 종종 영역이나 짝짓기할 암컷을 두고 싸울 때 서로의 날개를 찢기도 합니다.

자세히 보기

작고 연약한 애벌레와 나비는 어떻게 안전하게 지낼 수 있을까요? 그들은 천적의 눈에 띄지 않기 위해 위장술을 사용해요. 나비는 잔가지나 나뭇잎 또는 심지어 새똥처럼 보이도록 위장해요. 공작나비의 날개에는 동물의 눈처럼 생긴 커다란 눈꼴 무늬가 있어요. 이 무늬를 사용해 짝짓기 상대를 유혹하거나 천적을 교란해요.

밝고 다채로운 색의 나비들은 고약한 맛이 나거나 독을 품고 있어요. 그들은 자신들이 먹는 기주 식물에서 독성 물질을 얻어 몸에 저장해요. 그리고 일부러 포식자의 눈에 띄도록 밝은 경계색을 낸답니다. 포식자가 이 나비를 먹는다면 몸속에 독이 들어가 치명적일 수 있어요. 그래서 독성이 없는 나비들도 경계색을 모방해 주로 밝은 색을 띤답니다.

어떤 애벌레는 보디가드를 고용해요. 푸른부전나비 애벌레는 개미를 유혹하는 설탕물을 내뿜어요. 이 달콤한 먹이를 얻기 위해 개미는 애벌레를 개미집으로 데리고 가서 먹이를 주고 보호해요.

나비와 환경

나비는 생태계에서 중요한 역할을 하고 있어요. 나비는 벌과 마찬가지로 식물의 생명 주기에 중요한 수분 작용을 도와주고, 각종 영양분을 전달해요. 어떤 식물은 나비가 도와주어야만 꽃가루받이를 할 수 있어요! 또 식물들이 너무 크게 자라서 서식지를 손상시키면, 나비 애벌레가 이들을 먹는 것으로 생태계를 통제하죠. 나비는 새를 포함한 다양한 야생 동물의 식량원이기도 해요. 나비 연구가는 나비들의 습성과 개체 수의 변화를 보고 생태계의 문제점을 발견한답니다.

하지만 오늘날 많은 나비가 멸종 위기에 처해 있어요. 이미 멸종된 나비종도 많아요. 연구가들은 기후 변화, 서식지 감소, 화학 물질의 영향 등을 나비 개체 수 감소의 주요 원인으로 생각해요.

다행히 전 세계 여러 단체와 사람들이 멸종 위기에 처한 나비들을 구하기 위해 노력하고 있어요. 나비들을 위한 자연 서식지를 만들고 보호하면서, 나비 개체 수를 늘리는 프로그램을 진행하고 있답니다. 더 많은 사람이 참여할수록 나비의 미래는 더욱 밝아질 거예요. 여러분이 참여하고 행동하는 것도 매우 중요하답니다!

2장
나비들을 더 가까이

여러분은 집 근처에서 나비를 발견한 적이 있나요? 그 나비의 이름이 무엇인지, 어떤 특성이 있는지 궁금하지 않았나요? 지금부터 32종의 나비를 소개할 거예요. 소개하는 나비들은 대부분 외국에 서식하지만 배추흰나비, 작은멋쟁이나비와 같이 우리나라에서 볼 수 있는 나비도 있어요. 다른 생물들처럼 나비도 학명과 실제 부르는 이름이 달라요. 이름은 대체로 외형의 특징을 따서 짓지요. 자, 이제 나비들이 어디에 살고 무엇을 먹는지 자세히 알아봐요!

은색얼룩무늬팔랑나비
Silver-Spotted Skipper

학명 *Epargyreus clarus*

팔랑나비들은 날개를 빠르게 펄럭이며 이 식물에서 저 식물로 옮겨 다녀요. 이 모습에서 팔랑나비라는 이름이 붙었어요. 은색얼룩무늬팔랑나비는 팔랑나비 중에서도 크기가 큰 편이에요. 양 날개 밑에 있는 커다란 흰 반점은 팔랑나비가 날 때 햇빛에 아름답게 반짝여요. 팔랑나비는 분홍색, 보라색, 빨간색, 파란색, 흰색 꽃을 좋아해요. 노란색 꽃에서는 꿀을 마시지 않지요. 암컷은 기주 식물이 아닌 근처에 있는 식물에 알을 낳아요. 알에서 부화한 애벌레들은 영양분을 섭취할 기주 식물이 없어 바쁘게 먹이를 찾아 다녀야 해요!

나비 생태 정보

발견 지역
미국과 캐나다 최남단

먹이 식물
엉겅퀴, 밀크위드(박주가리과), 북미산(産) 세팔란투스와 같은 노란색이 아닌 식물의 꿀

서식처
덤불 지대, 범람원, 대초원의 수로, 늪지

발견 시기
북부 지역: 5월~9월, 남부 지역: 2월~12월

날개 길이
4.5~6cm

기주 식물
아까시나무, 족제비싸리, 나비콩속(屬)의 덩굴 식물과 같은 콩과 식물들

작은유리팔랑나비
Sachem

학명 *Atalopedes campestris*

사진을 보세요. 작은유리팔랑나비가 쉬고 있어요. 마치 작은 전투기 같지 않나요? 그들은 뒷날개와 다른 각도로 앞날개를 약간 벌리고 있어요. 팔랑나비의 특징은 재빠른 비행 패턴이에요. 한곳에 머무르지 않고 끊임없이 장소를 바꾼답니다. 팔랑나비 애벌레는 꽁꽁 숨어 있어서 찾기가 어려워요. 비단실을 사용해 포식자의 눈에 띄지 않게 나뭇잎이나 풀에 붙어 있거든요. 애벌레는 먹이를 먹거나 똥을 쌀 때도 안전하게 붙어 있어요!

나비 생태 정보

발견 지역
미국(로키산맥 제외)과 캐나다 최남단 지역

먹이 식물
밀크위드, 마리골드, 과꽃,
북미산 세팔란투스에서 나오는 꿀

서식처
잔디, 들판, 공원, 도로변과 같은 공터

발견 시기
북부 지역: 5월~11월, 남부 지역: 3월~12월

날개 길이
3.3~4cm

기주 식물
세인트 어거스틴 그래스, 버뮤다그래스, 바랭이, 갈퀴덩굴

검댕날개팔랑나비
Sootywing

학명 *Pholisora catullus*

그을음(soot)은 무언가가 탈 때 남는 검은 티끌이에요. 왜 이 나비는 검댕날개라고 불리는 걸까요? 날개를 자세히 보세요. 이 팔랑나비의 날개는 광택이 나는 검은색이고 앞날개의 바깥쪽에는 작은 흰 반점들이 있어요. 아마 이러한 외형을 보고 이름을 지었을 거예요. 이 나비는 매립지, 주차장, 심지어 도로변에서도 볼 수 있어요. 그래서 도로의 방랑자라는 별명이 생겼답니다. 검댕날개팔랑나비는 1700년대 아메리카 대륙에서 처음 명명된 나비예요. 수컷과 암컷 모두 날개에 흰 반점들이 있지만, 암컷에게 더 많이 있어요. 검댕날개팔랑나비는 땅 가까이에서 지그재그 모양으로 파닥이며 날아요.

나비 생태 정보

발견 지역
미국, 캐나다의 퀘벡 남부, 브리티시컬럼비아주

먹이 식물
개정향풀, 괭이밥속(屬), 밀크위드, 멜론을 포함한 식물의 꿀

서식처
들판, 공원, 정원, 도로변 등

발견 시기
북부 지역: 5월~8월, 남부 지역: 3월~11월

날개 길이
2.54~7.6cm

기주 식물
아마란스

체크무늬팔랑나비
Checkered-Skipper

학명 *Pyrgus communis*

이 나비의 알록알록한 날개를 보세요. 정말 아름답죠? 수컷 체크무늬팔랑나비는 몸이 푸르스름하고 그늘진 곳에서 짝을 찾아 돌아다녀요. 암컷은 수컷보다 더 어두운 색이에요. 우리나라에도 이 나비와 닮은 나비가 있어요. 바로 흰점팔랑나비(학명: *Pyrgus maculatus*)예요! 볕이 잘 드는 풀밭을 좋아하죠. 체크무늬팔랑나비는 들판이나 공원 같이 탁 트이고 햇빛이 잘 드는 장소에서 볼 수 있어요. 여러분은 이 나비를 더 옅은 흰색체크무늬팔랑나비와 혼동할 수도 있어요. 이 나비들은 정말 비슷하게 생겨서 구별하려면 해부를 해야 해요!

나비 생태 정보

발견 지역
미국, 캐나다 남부, 멕시코

먹이 식물
개망초와 흰색 과꽃 같은 백색 꽃들의 꿀

서식처
정원, 들판, 도로변, 강둑, 공원 등

발견 시기
북부 지역: 3월~9월, 남부 지역: 연중 내내

날개 길이
2~3.8cm

기주 식물
접시꽃, 양귀비 등 아욱과에 속하는 식물

나비들을 더 가까이

나비를 추적해 볼까요?

세계 곳곳에 있는 나비들을 더 자세히 알고 싶나요? 지금부터 여러분이 직접 참여할 수 있는 활동들을 소개할게요. 매년 수천 명의 자원봉사자가 나비에 관한 정보를 수집해요. 이러한 단체들의 활동이 궁금하다면, 북미 나비 모니터링 네트워크 사이트를 방문해 보세요.

북미의 대표적인 나비인 제왕나비가 궁금하다면, 모나크 워치 사이트에 방문해 보세요. 모나크 워치는 제왕나비를 보호하는 시민 과학 단체이며, 제왕나비의 이주를 연구해요. 또한 제왕나비의 중간 기착지 위치도 알 수 있어요. 중간 기착지는 제왕나비가 이동 중에 머물며 번식하는 곳이에요. 이곳에는 제왕나비가 좋아하는 꽃과 기주 식물들이 많이 있답니다.

저니 노스와 아이내츄럴리스트는 시민들의 제보로 데이터를 추출해 제왕나비의 이동 경로와 개체 수의 변화를 알 수 있는 지도를 만들어요. 아이내츄럴리스트의 경우, 나비뿐만 아니라 전 세계의 다양한 생물에 관한 정보를 공유할 수 있어요. 동식물 이름을 검색하면 서식지 분포가 세계 지도에 표시되고, 지역을 검색하면 그곳에 사는 생물을 볼 수 있답니다. 여러분이 발견한 생물의 이름을 모르겠다면, 아이내츄럴리스트에 사진을 올려 보세요. 회원들이 답을 알려 줄 거예요. 여러분은 북미나비협회, 북미의 나비와 나방, 이버터플라이 등과 같은 온라인 사이트에서도 다양한 나비의 정보, 관찰 기록, 사진들을 볼 수 있어요.

- 북미 나비 모니터링 네트워크 사이트
  www.thebutterflynetwork.org
- 모나크 워치 monarchwatch.org
- 저니 노스 journeynorth.org
- 아이내츄럴리스트 www.inaturalist.org
- 북미나비협회 www.naba.org
- 북미의 나비와 나방
  www.butterfliesandmoths.org
- 이버터플라이 www.e-butterfly.org

파이프바인호랑나비
Pipevine Swallowtail

학명 *Battus philenor*

이 나비는 독성이 있는 기주 식물인 쥐방울덩굴속 파이프바인 주변에서 자주 발견되어 파이프바인호랑나비라는 이름이 붙여졌어요. 이 나비의 애벌레는 파이프바인을 먹으며 크는데, 이것 때문에 애벌레의 몸에 쓴맛과 독성이 생겨요. 독소는 계속 몸 안에 머무르기 때문에 어른이 된 나비 역시 독성을 가져요. 재미있는 점은 암컷 이스턴호랑나비와 다른 나비들이 파이프바인호랑나비 흉내를 낸다는 거예요! 그러면 포식자들은 그들도 파이프바인호랑나비와 같이 독을 지녔다고 생각하죠. 심지어 일부 노래기종은 파이프바인나비의 애벌레 흉내를 내기도 해요! 참고로 파이프바인호랑나비는 스파이부시호랑나비와 많이 닮았어요. 이 둘을 어떻게 구별할까요? 파이프바인호랑나비는 날개 아래에 주황색 점들이 한 줄로 나 있고, 스파이부시호랑나비는 두 줄로 나 있어요.

나비 생태 정보

발견 지역
미국과 뉴잉글랜드의 남부 지역

먹이 식물
란타나, 엉겅퀴, 플록스, 나래가막사리와 같은 식물의 꿀

서식처
탁 트인 삼림 지대와 들판

발견 시기
북부 지역: 5월~9월, 남부 지역: 2월~10월

날개 길이
7~12.7cm

기주 식물
파이프바인

왕호랑나비
Giant Swallowtail

학명 *Papilio cresphontes*

미국 왕호랑나비는 북아메리카에서 가장 큰 나비에 속해요. 날개 길이가 사람의 손을 덮을 정도랍니다! 왕호랑나비 애벌레는 오렌지 도그(orange dog)라고 불러요. 새똥처럼 생겨서 포식자들은 그들을 그냥 지나쳐요. 아무리 포식자라도 똥을 먹고 싶지는 않을 테니까요! 왕호랑나비 애벌레는 감귤류 농장에서 어린 오렌지 나무의 잎을 갉아 먹는데, 이러면 열매가 자랄 수 없어요. 그래서 해충으로 분류해요.

나비 생태 정보

발견 지역
미국 동부 지역, 캐나다 일부 지역

먹이 식물
란타나, 미역취속(屬)의 식물, 밀크위드, 인동을 포함한 식물의 꿀

서식처
삼림지와 감귤 과수원

발견 시기
북부 지역: 5월~9월, 남부 지역: 2월~12월, 미국 최남단 지역: 연중 내내

날개 길이
12.7~20cm

기주 식물
감귤 나무, 홉나무, 산초나무, 루타

이스턴호랑나비
Eastern Tiger Swallowtail

학명 *Papilio glaucus*

이스턴호랑나비 애벌레는 여러분에게 친숙할지도 몰라요. 여러분이 좋아하는 포켓몬스터의 포켓몬 '캐터피'의 실제 모델이거든요! 귀여운 외모를 가진 이 애벌레는 무엇이든지 잘 먹어요. 다른 호랑나비 애벌레들보다 더 많은 종류의 식물을 먹는답니다. 보통 나비는 축축한 진흙이나 자갈에서 영양분을 섭취하는 걸 좋아해요. 하지만 이 나비는 동물의 똥, 썩어 가는 고기에서 영양분을 섭취해요.

이스턴호랑나비 애벌레가 더 자라면 몸 전체가 초록색이 돼요. 머리 뒤에는 눈처럼 보이는 커다란 검은색과 노란색 점들이 있어요.

나비 생태 정보

발견 지역
미국 동부와 캐나다 온타리오주 남부

먹이 식물
과꽃, 밀크위드, 야생 체리, 라일락을 포함한 식물의 꿀

서식처
탁 트인 숲의 가장자리, 도로변, 공원, 정원, 강둑

발견 시기
북부 지역: 5월~9월, 남부 지역: 2월~11월

날개 길이
8.8~12.7cm

기주 식물
월계수, 튤립나무, 물푸레나무, 미루나무, 버드나무, 자작나무 등

검은호랑나비
Black Swallowtail

학명 *Papilio polyxenes*

사진 속 검은호랑나비의 날개가 정말 아름답죠? 검은호랑나비는 짝짓기를 할 때 독특한 행동을 해요. 수컷은 암컷에게 깊은 인상을 주기 위해 최선을 다해 자신을 뽐내고 과시하죠. 또한 암컷을 유혹하기 위해 여러 수컷들이 모여 치열하게 경쟁을 해요. 이것을 렉 짝짓기(lek mating)라고 해요. 이때 암컷은 어떤 수컷이 자신과 좋은 짝이 될지를 알아보죠. 이 나비는 우리나라의 산호랑나비(학명: *Papilio machaon*)와 닮았어요. 하지만 검은호랑나비의 날개가 더 어두운 색이에요.

나비 생태 정보

발견 지역
로키 산맥 동쪽과 캐나다 남부

먹이 식물:
엉겅퀴, 란타나, 붉은토끼풀, 밀크위드를 포함한 식물의 꿀

서식처
들판이나 목초지 같은 공터

발견 시기
북부 지역: 4월~10월, 남부 지역: 2월~11월

날개 길이
8.8~11.4cm

기주 식물
딜, 파슬리, 루타, 회향과 같은 허브

얼룩말호랑나비
Zebra Swallowtail

학명 *Protographium marcellus*

이 나비는 왜 얼룩말호랑나비라고 불리는 걸까요? 사진을 보세요! 흑백 줄무늬와 검은 꼬리가 얼룩말 무늬와 정말 비슷하죠? 얼룩말호랑나비는 북아메리카에서 가장 독특하게 생긴 나비로 꼽힌답니다. 암컷은 알을 낳을 때가 되면 알맞은 기주 식물을 찾아요. 연하고 즙이 많은 파파야 나뭇잎이 가장 적당해요. 얼룩말호랑나비는 파파야 나뭇잎이나 줄기에 한 개씩만 알을 낳아요. 애벌레들이 부화하면 서로를 잡아먹기 때문에 알을 따로따로 낳아야 한답니다!

나비 생태 정보

발견 지역
미국 동부와 캐나다 최남단

먹이 식물
라일락, 박태기나무, 마편초, 밀크위드를 포함하는 식물의 꿀과 썩은 과일

서식처
삼림지와 초원 근처의 습한 지역

발견 시기
북부 지역: 4월~8월, 남부 지역: 3월~12월

날개 길이
6.3~10cm

기주 식물
파파야 나무

나비를 키워 볼까요?

나비의 한살이를 더 가까이 관찰하고 싶나요? 나비 키우기 키트를 이용해 보세요! 나비 키우기 키트는 온라인에서 구입할 수 있어요. 키트를 사용할 때 반드시 명심해야 할 주의 사항 몇 가지를 알려 줄게요.

1. 키트에 포함된 사육통과 망은 나비를 기르고 관찰하기에 아주 좋은 공간이에요. 바닥에 일회용 종이 접시를 놓으면 청결을 유지할 수 있어요.

2. 키트에는 애벌레의 먹이도 함께 있어요. 애벌레가 음식을 제대로 먹고 있는지 확인하세요. 호랑나비 애벌레의 먹이를 제왕나비 애벌레에게 주면 안 돼요!

관찰 체험

3. 키트를 주문하기 전 여러분이 사는 지역의 날씨를 확인하세요. 너무 춥거나 더우면 애벌레가 죽을 수도 있어요.

4. 번데기가 되면 사육통이나 망 아래 떨어져 있을 수도 있어요. 잘 굳을 수 있도록 가만히 지켜보세요. 보통 나비는 번데기에서 우화하면 스스로 날아오르는 법을 알아내요!

5. 하지만 우화한 나비를 바로 야생으로 방사해선 안 돼요. 우화한 나비종이 여러분이 사는 지역에 살고 있는지 확인해 보세요. 만약 살고 있다면, 나비가 날 수 있는 즉시 풀어 주세요.

6. 여러분이 나비를 방사할 수 없는 상황이라면, 지역 대학이나 자연 센터 또는 박물관에 연락해 어떻게 해야 하는지 조언을 구하세요.

슬리피오렌지나비
Sleepy Orange

학명 *Eurema nicippe*

이 나비의 이름은 조금 독특하죠? 슬리피오렌지나비의 앞날개는 마치 작은 눈을 감고 자고 있는 것처럼 보여요. 그래서 이러한 이름을 얻었답니다. 에너지가 어마어마해서 포식자를 피해 재빠르게 날아갈 수 있어요. 슬리피오렌지나비는 젖은 진흙이나 모래에서 영양분을 얻기 위해 20마리 이상 무리를 지어 모여요. 수컷과 암컷의 생김새는 비슷해 보이지만, 수컷이 암컷보다 작고 더 밝은 색을 띠고 있어요. 북쪽에 사는 슬리피오렌지나비는 겨울을 나기 위해 남쪽으로 이주해서 그 이듬해 봄에 알을 낳아요. 우리나라에 서식하는 남방노랑나비(학명: *Eurema mandarina*)와 매우 닮았어요!

나비 생태 정보

발견 지역 미국 남부, 드물게 캐나다 남부에서도 발견돼요.	**발견 시기** 북부 지역: 7월~9월, 남부 지역: 2월~12월
먹이 식물 다양한 꽃의 꿀	**날개 길이** 3.8~5.8cm
서식처 들판이나 목초지	**기주 식물** 완두콩

구름유황나비
Cloudless Sulphur

학명 *Phoebis sennae*

이 작고 활발한 나비는 미국 전역에서 흔하게 볼 수 있어요. 구름유황나비의 애벌레는 위장의 달인이에요. 애벌레의 몸은 녹색 잎을 먹으면 초록색이 되고, 노란색 꽃을 먹으면 노란색으로 변해요. 어른이 된 나비는 노란 꽃 위에서 쉬는 것을 좋아해요. 어둡거나 흐린 날에는 잎 아래에서 쉬어요. 구름유황나비는 붉은색도 매우 좋아해서 종종 붉은 꽃과 물체, 심지어 자동차 미등 주변에서도 볼 수 있어요!

나비 생태 정보

발견 지역
미국 전역과 온타리오주 남부

먹이 식물
히비스커스, 란타나, 나팔꽃과 같이 긴 관을 가진 꽃의 꿀

서식처
들판, 도로변, 해변과 같은 공터

발견 시기
북부 지역: 7월~9월, 남부 지역: 2월~11월

날개 길이
6.3~8cm

기주 식물
완두콩

서던도그페이스나비
Southern Dogface

학명 *Zerene cesonia*

이 나비를 한번 보세요! 날개 모양이 인상 깊죠? 여러분은 이 나비를 다른 나비들과 쉽게 구별할 수 있어요. 앞날개의 윗부분을 자세히 보세요. 노란 무늬가 강아지 얼굴처럼 보이지 않나요? 그래서 이러한 이름을 얻게 된 거예요. 슬리피오렌지나비와 구름유황나비처럼 서던도그페이스나비도 남쪽으로 이주해서 겨울을 보내요. 이 나비는 계절에 따라 몸 색깔을 바꿔요. 보통 여름에는 노란색을 띠고, 가을에는 분홍색으로 변한답니다.

나비 생태 정보

발견 지역 미국 남동부	**발견 시기** 북부 지역: 5월~9월, 남부 지역: 연중 내내
먹이 식물 버베나, 큰 금계국, 수레국화 등의 파란색 꽃을 포함한 식물의 꿀	**날개 길이** 5.8~7.6cm
서식처 들판, 도로 가장자리, 탁 트인 삼림지	**기주 식물** 알팔파, 클로버, 인디고를 포함한 콩과의 작은 잎 식물

배추흰나비
Cabbage White

학명 *Pieris rapae*

우리에게 친숙한 작은 나비예요. 배추흰나비는 원래 유럽에서만 발견되는 종이었어요. 산업이 발달하고 무역이 성행하면서 사람들이 배를 이용해 상품을 거래하기 시작하자 배추흰나비도 세계로 퍼져 나갔죠. 배추흰나비의 애벌레는 케일, 양배추, 브로콜리, 청경채와 같은 작물의 잎을 갉아 먹기 때문에 해충으로 분류해요. 하지만 어른벌레가 되면 식물의 수분을 도와주는 익충이 된답니다. 수컷은 날개 윗부분에 한 개의 검은 점이 있으며 암컷은 두 개의 점이 있어요.

나비 생태 정보

발견 지역
전 세계

먹이 식물
다양한 식물에서 나오는 꿀

서식처
정원, 도로변, 들판, 잔디

발견 시기
북부 지역: 3월~9월, 남부 지역: 2월~12월, 최남단 지역: 연중 내내

날개 길이
3.3~4.5cm

기주 식물
배추, 양배추, 브로콜리, 청경채, 콜리플라워 등

체크무늬흰나비
Checkered White

학명 *Pontia protodice*

체크무늬흰나비 애벌레는 배추흰나비 애벌레만큼 작물에 피해를 주지는 않지만 해충으로 여겨져요. 애벌레는 콩다닥냉이 같은 흔한 길가의 잡초를 즐겨 먹어요. 보통 애벌레 때는 기주 식물의 잎을 갉아 먹는 것을 좋아해요. 잎을 다 먹으면 꽃과 꽃봉오리까지 남김없이 아삭아삭 먹는답니다.

나비 생태 정보

발견 지역
미국 전역에서 볼 수 있고, 캐나다 남부에서도 드물게 발견돼요.

먹이 식물
다양한 식물의 꿀

서식처
사막, 평원, 초원

발견 시기
북부 지역: 5월~9월, 남부 지역: 3월~11월

날개 길이
3.3~4.5cm

기주 식물
겨자, 콩다닥냉이, 때로는 양배추와 브로콜리

팽나무황제나비
Hackberry Emperor

학명 *Asterocampa celtis*

모든 나비가 꽃에서 꿀을 빨아 먹는 것을 좋아하는 것은 아니에요. 팽나무황제나비는 나무 수액, 썩어 가는 과일과 고기(죽은 동물), 동물의 똥을 더 좋아해요. 이 나비는 특이한 습성이 또 있는데, 땀에 있는 염분도 정말 좋아해요. 그러니 팽나무황제나비가 땀을 마시려고 여러분의 피부 위에 앉는다고 해도 놀라지 마세요! 겨울이 오면, 애벌레는 숲에 떨어진 팽나무 잎들에 말려진 채 동면해요. 시간이 지나 봄이 오면, 잎에서 나와 다시 먹이를 먹으러 나무로 올라가요. 때때로 나무 한 그루의 모든 잎사귀를 다 먹어 치운답니다!

나비 생태 정보

발견 지역
미국 동부와 캐나다 남동부

발견 시기
5월~10월

먹이 식물
썩어 가는 과일과 고기, 나무 수액, 동물의 똥

날개 길이
3.8~6.3cm

서식처
강 가장자리, 숲이 우거진 도로변과 하천 등 습하고 그늘진 지역

기주 식물
팽나무

제왕나비
Monarch

학명 *Danaus plexippus*

미국에서는 제왕나비를 모르는 사람이 없을 정도로 유명해요. 멋진 이름과 화려한 외모를 가진 미국의 국민 나비죠. 제왕나비는 점점 해가 짧아지고 기온이 낮아지면 미국과 캐나다에서 멕시코로 이동해 겨울을 보내요. 이때 총 이동 거리는 5,000킬로미터에 달하죠. 그야말로 정말 위대한 여정이랍니다. 여러분이 사는 지역에서도 제왕나비를 발견할 수 있어요. 남미, 뉴질랜드, 호주, 필리핀, 북아프리카에서도 볼 수 있답니다. 심지어 제왕나비는 우주에도 갔어요! 우주 비행사들은 국제 우주 정거장에서 제왕나비를 길렀어요.

어른이 된 제왕나비는 노란 바탕에 검은 줄무늬가 도드라지는 경계색을 뽐내요. 제왕나비의 이런 모습을 보면 포식자들은 피해야 할 거예요. 제왕나비의 몸에는 독소가 가득하거든요!

나비 생태 정보

발견 지역 미국, 캐나다 남부, 중앙아메리카	**발견 시기** 북부 지역: 5월~9월, 남부 지역: 2월~12월
먹이 식물 밀크위드의 꽃과 꿀	**날개 길이** 8.8~10cm
서식처 들판이나 목초지	**기주 식물** 밀크위드

자세히 보기

제왕나비는 북미를 왕복하는 이주로 유명해요. 여러분은 제왕나비들이 이동을 하며 3세대에 걸쳐 번식하는 것을 알고 있었나요?

제왕나비는 봄에 미국 남부에서 알을 낳아요. 애벌레들이 나비가 되면, 그들은 미국 중부와 동부, 캐나다 동부에 살다가 늦여름이나 초가을에 멕시코 산악 지대로 이동하기 시작해요. 이때 이동하는 나비들은 여름에 태어난 특별히 강한 세대예요. 이 특별한 제왕나비들은 다른 제왕나비들과 합류하기 위해 남쪽으로 4,800킬로미터를 넘게 날아가요. 제왕나비는 1만 년 전부터 이렇게 이동해 왔어요. 다시 날씨가 따뜻해지면, 나비들은 북쪽으로 날아가지요. 미국 남부로 돌아가서 짝짓기를 하고 알을 낳아요. 그러면 대규모 이주가 다시 시작된답니다!

나비들을 더 가까이

걸프표범나비
Gulf Fritillary

학명 *Agraulis vanillae*

걸프표범나비는 제왕나비처럼 밝은 주황색 무늬가 있어요. 경계색 역할을 해서 포식자들에게 물러나라는 경고를 하는 거죠. 만약 이 경고를 무시하면, 걸프표범나비는 두 번째 방어 태세를 갖춰요. 배에서 엄청난 악취가 나는 액체를 뿜어 포식자들이 가까이 오지 못하게 막아요. 암컷은 기주 식물의 잎, 줄기 등 모든 곳에 알을 낳아요. 애벌레는 기주 식물인 시계초를 먹으며 지내요. 시계초는 커다랗고 독특한 꽃이 피며 독을 가지고 있어요.

나비 생태 정보

발견 지역
미국 남부와 중부 일부 지역

먹이 식물
란타나, 펜타스, 미나리과 같은 식물의 꿀

서식처
숲 가운데, 들판, 초원

발견 시기
북부 지역: 1월~11월, 남부 지역: 연중 내내

날개 길이
6.3~9.6cm

기주 식물
시계초

큰스팽글무늬표범나비
Great Spangled Fritillary

학명 *Speyeria cybele*

큰스팽글무늬표범나비는 미국에서 흔하게 볼 수 있는 표범나비예요. 또한 미국 남부의 아칸소주를 상징하는 나비이기도 해요. 나비들은 일 년에 몇 세대가 바뀌지만, 이 나비는 단 한 세대가 일 년을 보내요. 여름에 짝짓기를 한 후, 암컷은 기주 식물인 제비꽃 근처에 알을 낳아요. 부화한 애벌레는 기주 식물에서 겨울을 보내요. 겨울이 지나 봄이 오면, 애벌레는 낮에는 나뭇잎 밑에 몸을 숨기고 밤에는 먹이를 먹으러 다니죠. 큰스팽글무늬표범나비 애벌레는 다른 나비의 애벌레들보다 훨씬 더 많이 탈피해요. 번데기가 되기 전까지 총 여섯 번이나 탈피를 한답니다!

나비 생태 정보

발견 지역
미국의 남서부 주들을 제외한 지역과 캐나다 남부

먹이 식물
엉겅퀴, 밀크위드, 부들레야, 드린국화를 포함한 식물의 꿀

서식처
들판, 목초지, 삼림지 등 트이고 습한 지역

발견 시기
6월~9월

날개 길이
6.3~10cm

기주 식물
제비꽃

나비들을 더 가까이

미국뿔나비
American Snout

학명 *Libytheana carinenta*

나비 머리를 보세요. 머리 앞쪽이 길게 툭 튀어나와 있죠? 마치 긴 코나 뿔을 가진 것처럼 보이지 않나요? 그런데 사실 이 뿔은 나비의 기다란 입이에요! 미국뿔나비는 나뭇가지에 거꾸로 매달려 나뭇잎 흉내를 내며 위장해요. 또한 텍사스와 멕시코에서 대규모 이주를 한다고 알려져 있어요. 1921년, 거대한 나비 무리가 약 400킬로미터 넓이의 텍사스 지역을 가로질러 날아갔어요. 연구가들은 이때 60억 마리가 넘는 나비들이 이동했다고 추측해요. 현재 세상에 알려진 뿔나비는 15종 미만이에요. 우리나라에는 뿔나비(학명: *Libythea lepita*) 1종만 살고 있어요. 미국뿔나비는 멕시코 북부에서도 자주 볼 수 있는 유일한 나비랍니다.

나비 생태 정보

발견 지역
미국 전역과 캐나다 남부, 멕시코 북부

먹이 식물
과꽃, 개정향풀, 미역취와 같은 흰색과 노란색 식물의 꿀

서식처
덤불밭, 도로변, 숲 가운데

발견 시기
5월~8월

날개 길이
3.8~5cm

기주 식물
팽나무

총독나비
Viceroy

학명 *Limenitis archippus*

여러분, 주의하세요! 이 나비는 제왕나비가 아니에요. 바로 총독나비랍니다! 총독나비는 제왕나비의 흉내쟁이로 유명해요. 총독나비는 독을 가진 제왕나비처럼 위장해서 포식자들을 겁주어 쫓아내요. 총독나비와 제왕나비는 서로를 흉내 낼 수 있기 때문에 포식자들은 더욱 경계심을 가져야 하죠. 만약 여러분이 발견한 나비가 총독나비인지 제왕나비인지 궁금하다면, 뒷날개에 검은 띠가 있는지 살펴보세요. 검은 띠가 있다면 총독나비예요!

나비 생태 정보

발견 지역
미국 전역과 캐나다 남부

먹이 식물
과꽃, 미역취, 엉겅퀴를 포함한 식물의 꿀, 꽃이 주변에 없을 때는 부패한 곰팡이, 동물의 똥, 썩어 가는 고기, 진딧물 등을 먹어요.

서식처
들판이나 목초지와 같이 탁 트인 곳

발견 시기
북부 지역: 5월~9월, 남부 지역: 2월~12월, 최남단: 연중 내내

날개 길이
6.3~8.8cm

기주 식물
포플러, 버드나무, 미루나무

나비들을 더 가까이

남방공작나비
Common Buckeye

학명 *Junonia coenia*

남방공작나비는 정말 화려하고 아름다워요! 이 나비는 날개에 있는 눈 모양의 무늬에서 이름을 얻었어요. 이 무늬는 포식자들이 자신보다 더 큰 동물을 보고 있다고 착각하게 해요. 그래서 겁을 먹고 돌아가죠. 남방공작나비 애벌레의 몸에는 포식자들을 멀리 쫓아버리는 날카로운 가시가 있어요. 또한 남방공작나비는 주둥이가 짧아서 꿀을 빨기 쉬운 구조의 꽃을 좋아해요.

나비 생태 정보

발견 지역
미국 로키산맥의 동쪽, 미국 남부

먹이 식물
과꽃, 개정향풀, 치커리, 기생초 등을 포함한 식물의 꿀

서식처
들판, 목초지, 정원 같이 탁 트이고 햇볕이 잘 드는 곳

발견 시기
북부 지역: 5월~10월, 남부 지역: 연중 내내

날개 길이
5~6.3cm

기주 식물
좁은잎해란초, 금어초, 질경이, 피튜니아

자세히 보기

어른이 된 나비는 대체로 수명이 짧아요. 알에서 나비가 되기까지 전체 한살이는 몇 개월이 걸리지만, 어른벌레는 겨우 2주에서 4주 동안만 살아요. 물론 훨씬 더 오래 사는 종도 있어요. 예를 들어, 아프리카에 사는 녹색줄무늬흰나비는 15년을 살아요!

어른이 된 나비의 목적은 짝짓기를 해서 알을 낳는 거예요. 알을 낳으면, 암컷은 알을 돌보기 위해 곁을 떠나지 않아요. 사는 장소에 따라 일 년에 알을 여러 번 낳는 나비들도 있어요. 밖에 나가 주변을 살펴보세요. 짝을 지어 날아가는 나비를 볼 수도 있을 거예요!

녹색줄무늬흰나비의 친척인 동부얼룩덜룩흰나비예요.

나비들을 더 가까이

신선나비
Mourning Cloak

학명 *Nymphalis antiopa*

신선나비의 수명은 약 11개월에서 12개월이에요. 세계에서 가장 장수하는 나비종에 속하죠! 북미에 주로 서식하지만 남아메리카 북부, 유럽, 중앙아시아에서도 볼 수 있어요. 우리나라에서는 강원도 설악산이나 광덕산 등의 높은 산지에 분포해요. 신선나비는 북아메리카에 서식하는 다른 나비종과 생김새가 달라서 구별하기 쉬워요. 나비는 스스로를 보호하기 위해 나무껍질 아래에 몸을 숨긴 채 겨울을 보내요. 때때로 눈이 아직 녹지 않은 이른 봄에 신선나비가 날아다니는 것을 볼 수도 있어요.

나비 생태 정보

발견 지역
툰드라 남쪽의 북미 전역, 한반도 동북부의 높은 산지

먹이 식물
참나무 수액, 썩어 가는 과일, 때로는 꽃의 꿀

서식처
기주 식물이 있는 곳

발견 시기
연중 내내

날개 길이
6.3~10cm

기주 식물
버드나무, 느릅나무, 미루나무, 자작나무, 팽나무 등 다양한 나무들

펄크레센트나비
Pearl Crescent

학명 *Phyciodes tharos*

펄크레센트나비는 작지만 거침없는 나비예요. 수컷은 텃세가 꽤 있는 편이라 자신의 영역 안에서 돌아다니는 다른 나비들을 재빠르게 쫓아다녀요. 다른 곤충이나 새, 심지어 프리스비(원반 장난감)까지 쫓아다니죠! 펄크레센트나비는 사람에게도 호기심이 많답니다. 암컷은 '클러치'라고 불리는 알을 낳아요. 부화한 애벌레들은 비단실 아래에서 무리를 지어 영양분을 섭취해요. 그러다가 점차 독립적으로 성장하면서 혼자 먹이를 먹으러 다녀요.

나비 생태 정보

발견 지역
태평양 북서부를 제외한 미국 전역과 캐나다 남부

먹이 식물
과꽃, 밀크위드, 엉겅퀴와 같은 다양한 식물의 꿀

서식처
목장, 들판, 목초지, 숲 등

발견 시기
북부 지역: 4월~11월, 남부 지역: 연중 내내

날개 길이
3.3~4.5cm

기주 식물
과꽃

물음표무늬네발나비
Question Mark

학명 *Polygonia interrogationis*

이 나비한테는 왜 이런 이름이 붙었을까요? 잘 보세요! 뒷날개에 물음표처럼 보이는 은색 무늬가 있죠? 이 모양 때문에 물음표무늬네발나비라는 이름이 생긴 거예요. 수컷 펄크레센트나비처럼 이 나비의 수컷도 자신의 영역을 침범당하면 다른 생물들을 재빠르게 쫓아내요. 심지어 새들도 쫓아내지요. 물음표무늬네발나비와 비슷하게 생긴 나비가 있어요. 바로 동부쉼표네발나비예요. 이 나비의 날개에는 작은 쉼표가 있답니다. 물음표무늬네발나비와 동부쉼표네발나비가 비슷해 보이지만 혼동하지는 마세요.

나비 생태 정보

발견 지역
미국 동부와 캐나다 남부 지역

먹이 식물
썩어 가는 과일과 고기, 나무 수액, 동물의 똥, 때때로 꽃의 꿀

서식처
탁 트인 삼림 지대

발견 시기
북부 지역: 5월~9월, 남부 지역: 3월~10월

날개 길이
5~7.6cm

기주 식물
느릅나무, 팽나무, 환삼덩굴, 쐐기풀, 모시풀

붉은제독나비
Red Admiral

학명 *Vanessa atalanta*

붉은제독나비의 날개를 보세요. 검은색에 하얀 점들과 짙은 붉은색의 조화가 세련됐죠? 암컷은 짝을 찾는 일에 매우 까다로워요. 자신의 영역을 가진 수컷하고만 짝짓기를 하기 때문이에요. 붉은제독나비의 활동 영역은 타원형이에요. 수컷은 한 시간에 최대 30회 주위를 날아 순찰합니다. 이렇게 자신의 영역을 보호하는 거죠. 수컷은 전투력과 방어력이 강해요. 암컷은 무리중 가장 센 수컷과 짝짓기를 하지요. 수컷은 사람을 두려워하지 않고 심지어 사람들에게 먼저 올라와 앉기도 해요.

나비 생태 정보

발견 지역
미국 전역과 캐나다 남부

먹이 식물
나무 수액, 썩어 가는 과일, 새똥, 드물지만 가끔 꽃의 꿀

서식처
습한 삼림 지대, 습지, 공원

발견 시기
북부 지역: 3월~10월, 남부 지역: 연중 내내

날개 길이
4.5~6.3cm

기주 식물
쐐기풀

작은멋쟁이나비
Painted Lady

학명 *Vanessa cardui*

전 세계 사람들은 작은멋쟁이나비를 정말 좋아해요. 이 나비는 남극 대륙을 제외한 세계 각지에 살아요. 우리나라에도 작은멋쟁이나비와 큰멋쟁이나비 2종이 있어요. 작은멋쟁이나비는 지구에 존재하는 곤충 중 가장 먼 거리를 이동해요. 왕복 1만 2,000~1만 4,000 킬로미터를 이동할 수 있답니다! 가끔 그들이 이동할 때면 규모가 너무 커서 기상 레이더 장비에 포착되기도 해요. 한 기상 관측소가 미국 콜로라도주에서 발견한 작은멋쟁이나비의 무리는 너비가 무려 112킬로미터였어요.

나비 생태 정보

발견 지역
남극을 제외한 세계 각지

먹이 식물
엉겅퀴, 과꽃, 코스모스, 세팔란투스, 밀크위드를 포함한 식물의 꿀

서식처
탁 트인 곳

발견 시기
북부 지역: 5월~10월, 남부 지역: 연중 내내

날개 길이
3.8~6.8cm

기주 식물
엉겅퀴, 아욱, 콩과와 같은 다양한 식물

나비를 위한 정원 만들기

자, 이제 나비를 위한 정원을 만들어 볼까요? 어렵지 않아요. 여러분이 알맞은 식물만 제공한다면 나비가 알아서 여러분을 찾아올 테니까요!

장소를 골라요: 식물을 기를 장소(또는 식물을 담을 용기)를 탐색하세요. 식물을 제대로 기르려면 적당한 햇빛, 물, 공간이 필요해요.

식물 정보를 확인해요: 특정 기후에서만 자라는 식물이 많기 때문에 식물 내한성 구역(Plant Hardiness Zone)을 확인해야 해요. 이 지표는 온라인에서 찾을 수 있답니다.

식물을 선택해요: 여러분이 사는 지역에 분포하고 있는 나비가 무엇이고, 어떤 식물의 꿀을 좋아하는지 조사하세요. 애벌레를 위한 기주 식물도 잊지 마세요! 필요한 정보는 온라인에서 찾을 수 있어요. 여러분이 선택한 장소 또는 용기에서 식물이 잘 자랄 수 있는지 확인하세요.

살충제를 피해요: 꿀이나 기주 식물을 구입할 때는 농약을 사용하지 않고 재배한 꿀과 식물이 맞는지 확인해야 해요.

일단 나비들이 여러분의 식물을 찾아오면, 그들은 아마 자주 돌아올 거예요. 방문한 모든 나비들을 관찰하고 일지나 목록을 작성해 보세요.

하베스터나비
Harvester

학명 *Feniseca tarquinius*

하베스터나비는 북아메리카에서 유일하게 육식을 하는 나비예요. 암컷은 짝짓기 후에 다른 곤충의 집단 거주지 근처에 알을 낳아요. 그래서 하베스터나비 애벌레는 솜진딧물 같은 곤충들을 먹고 살아요. 어린 애벌레는 아직 진딧물을 단단히 잡고 있을 만큼 힘이 세지 않기 때문에 비단실을 사용해 진딧물을 꽁꽁 묶어요. 또한 개미로부터 자신을 보호하기 위해 죽은 진딧물이나 탈피한 피부 껍질을 비단실에 붙여 놔요. 일종의 갑옷과 같은 보호복을 만드는 셈이죠.

나비 생태 정보

발견 지역
미국 동부와 캐나다 남부

먹이 식물
진딧물, 동물의 똥, 썩어 가는 고기, 축축한 모래

서식처
삼림지, 상수원 근처

발견 시기
북부 지역: 5월~8월, 남부 지역: 2월~9월

날개 길이
2.5~3.3cm

기주 곤충 거주지
솜진딧물, 가끔 깍지벌레와 뿔매미

작은주홍부전나비
American Copper

학명 *Lycaena phlaeas*

작은주홍부전나비는 작고 귀엽지만 공격성이 강해요. 수컷은 자신들의 영역을 침범하는 모든 것을 내쫓아요. 심지어 날아다니는 새의 그림자조차도 경계하죠. 암컷은 짝짓기 후에 기주 식물 잎 위에 알을 낳아요. 알에서 부화한 애벌레는 잎 아래로 꿈틀꿈틀 움직여요. 그리고 시종일관 나뭇잎을 섭취하죠. 이때 애벌레는 잎맥만 남기고 나뭇잎을 핥듯이 먹어요. 애벌레가 중령 단계가 되면 남은 잎맥까지 남김없이 다 먹는답니다. 번데기가 되면, 어딘가에 매달려 있는 대신 나뭇잎, 잔가지 또는 땅 위의 다른 식물에 자리를 잡아요. 우리나라에도 중부 지방을 중심으로 주홍부전나비를 관찰할 수 있어요.

나비 생태 정보

발견 지역
남부를 제외한 미국 전역과 캐나다 남부, 한반도 전역

먹이 식물
미나리아재비, 서양톱풀, 데이지를 포함한 식물의 꿀

서식처
북부 지대의 암석 지역, 남부 지대의 공터 지역

발견 시기
북부 지역: 6월~9월, 남부 지역: 4월~9월

날개 길이
2.5~3cm

기주 식물
메밀

서부피그미블루부전나비
Western Pygmy Blue

학명 *Brephidium exilis*

여러분이 이 나비를 발견했다면 아주 자세히 봐야 할 거예요. 크기가 거의 엄지손톱만 하거든요. 서부피그미블루부전나비는 세계에서 가장 작은 나비에 속하며, 북아메리카에 분포하는 나비 중 가장 작아요. 사실 부전나비과의 나비들은 개미와 매우 특별한 관계를 맺고 있어요. 부전나비 애벌레는 비단실을 타고 땅으로 내려가는 걸 좋아해요. 여기서 흥미로운 점은 이 애벌레가 개미의 페로몬을 복제할 수 있다는 거예요! 개미들은 자신들과 같은 페로몬을 발산하는 나비 애벌레를 개미집으로 데려가서 아주 지극정성으로 돌봐 주죠. 시간이 지나 애벌레는 번데기로 변하고 마침내 나비가 되어 개미집을 나온답니다. 서부피그미블루부전나비는 국내에서 발견하기 어렵지만, 다른 부전나비과의 나비들은 덥고 화창한 5월 이후에 잘 볼 수 있어요. 이때가 부전나비의 활동 시기랍니다.

나비 생태 정보

발견 지역
미국 남서부

먹이 식물
란타나, 미역취, 과꽃 등을 포함한 식물의 꿀

서식처
습지, 사막 지역, 대초원

발견 시기
북부 지역: 7월~9월, 남부 지역: 연중 내내

날개 길이
1.2~1.7cm

기주 식물
명아주과 관목, 개비름, 솔장다리, 갯는쟁이

회색부전나비
Gray Hairstreak

학명 *Strymon melinus*

회색부전나비는 꽃 위에 알을 낳아요. 그래서 애벌레가 부화하면 꽃과 자라나는 열매를 모두 섭취하죠. 회색부전나비는 포식자에 맞서 재치 있게 대처해요. 포식자가 접근하면 뒷날개를 함께 비벼서 날개 꼬리를 한 쌍의 더듬이처럼 보이게 해요. 포식자들은 나비의 더듬이를 잡았다고 생각하지만, 사실 그것은 뒷날개였던 거죠!

나비 생태 정보

발견 지역
미국 전역과 캐나다 남부

먹이 식물
밀크위드, 미역취, 전동싸리를 포함한 식물의 꿀

서식처
잔디밭, 도로변, 정원 등의 장소

발견 시기
북부 지역: 5월~9월, 남부 지역: 2월~11월

날개 길이
2.5~3.5cm

기주 식물
콩과 아욱을 포함한 다양한 식물

나만의 나비 관찰 일지 만들기

나비 연구가가 되고 싶다면 나비 관찰 일지를 만드는 것부터 시작하세요! 여러분이 발견한 나비를 수첩에 스케치하고, 나비의 행동을 기록하고, 다른 지역에서 봤던 나비들까지 목록으로 만들어 보세요.

수첩은 어떤 것이든 좋아요. 여러분의 맘에 드는 것을 골라 특별하고 멋진 나비 일지를 만드세요! 언제든 빠르게 기록할 수 있도록 펜이나 연필을 함께 보관하세요. 여러분이 나비 날개의 일부 또는 기주 식물의 죽은 잎을 발견했다면, 일지에 테이프로 붙여 안전하게 보관하세요!

나비의 행동을 기록할 때는 날씨, 시간 등 세부 사항을 꼼꼼하게 적으세요. 예를 들어 나비가 먹이를 먹는 것을 발견했다면, 스스로에게 다음과 같은 질문을 해 보세요.

- 무엇을 먹고 있는가?
- 날개를 퍼덕이는가, 날개를 접고 있는가, 아니면 날개를 펼치고 있는가?
- 날씨는 맑은가, 아니면 흐린가?
- 지금 있는 장소가 숲이 우거진 곳인가, 아니면 탁 트인 곳인가?

나비의 몸 색깔, 날개 모양, 비행 패턴 등 나비를 주의 깊게 보고 기록하세요. 나비의 모습을 사진으로 찍을 수 있다면 좋겠지만, 그럴 수 없을 때는 노트나 수첩에 나비의 특징적인 모습이나 날개 모양, 몸 색깔 등을 그려서 기록으로 남겨 보세요. 좋은 경험이 될 거예요.

모르몬메탈마크나비
Mormon Metalmark

학명 *Apodemia mormo*

모르몬메탈마크나비는 주로 건조한 지역에 서식하는 활기차고 작은 나비예요. 이 나비는 네발부전나비과예요. 여기에 속하는 나비 종은 잎 아래에 몸을 숨기듯 앉아 있는 습성이 있어요. 또한 밝고 햇볕이 잘 드는 곳에서 휴식을 취하며 시간을 보내는 걸 좋아해요. 그리고 땅바닥에 근접해 낮게 나는 걸 선호하죠. 희고 작은 알에서 태어난 모르몬메탈마크나비 애벌레는 나뭇잎 밑에서 몸을 숨기며 지내요. 낮에는 나뭇잎과 비단실로 만든 피신처에 숨어 있다가 밤에는 영양분을 섭취하기 위해 먹이 활동을 해요.

나비 생태 정보

발견 지역
미국 서부와 캐나다 남서부

먹이 식물
메밀과 금방망이 같은 노란색 식물의 꿀

서식처
메마른 들판, 바위, 반사막지역

발견 시기
북부 지역: 7월~9월, 남부 지역: 3월~10월

날개 길이
2.2~3.3cm

기주 식물
메밀

노던메탈마크나비
Northern Metalmark

학명 *Calephelis borealis*

만약 여러분이 이 나비를 발견했다면 정말 운이 좋은 거예요! 노던메탈마크나비는 이제 희귀종이 되어서 발견하기 힘들거든요. 이들의 서식지는 파괴되고, 기주 식물도 다른 식물들에 의해 사라지고 있어요. 사람들은 이 나비를 종종 작은 나방으로 착각하기도 해요. 노던메탈마크나비는 헐렁헐렁 늘어지게 비행해서 나방처럼 보이거든요. 또한 휴식을 취할 때도 날개를 평평하게 편 채로 있어요. 만약 이 나비를 발견하고 싶다면 석회암, 셰일, 점판암, 천매암과 같은 암석 근처를 확인하세요!

나비 생태 정보

발견 지역
미국 일부 지역(코네티컷주, 펜실베이니아주, 미주리주, 아칸소주, 오클라호마주)

먹이 식물
서양톱풀, 미역취, 데이지를 포함하는 식물의 꿀

서식처
기주 식물이 발견되는 암석 근처

발견 시기
북부 지역: 6월~7월

날개 길이
2.7~3.5cm

기주 식물
금방망이

나비 관찰 기록 정리하기

아래 표를 이용해서 여러분이 관찰한 나비를 정리해 보세요. 관찰을 꾸준히 기록하면 여러분이 만난 나비종을 정확히 기억할 수 있어요. 이러한 관찰 기록을 통해 해당 지역의 나비를 다른 지역 나비와 비교할 수 있어요. 조직이나 동호회에서 다른 사람들과 경쟁하기 위해 관찰 기록을 활용하는 사람도 있답니다!

나비 이름	학명	한살이 단계	발견 장소	날짜	시간

나비들을 더 가까이

나비 관찰 기록 정리하기

나비 이름	학명	한살이 단계	발견 장소	날짜	시간

더 알아보기

책

《주머니 속 나비 도감》
백유현, 권민철, 김현우 지음
이 책은 우리나라에서 사는 나비 180종과 길 잃은 나비 10종을 소개해요. 본래 색깔과 생동감을 잃은 표본 사진이 아니라 자연 상태의 알-애벌레-번데기-어른벌레 등 나비의 한살이를 고스란히 담은 1,000여 장의 생태 사진을 포함해요. 쉽게 나비의 세계와 생태를 이해할 수 있답니다.

《나비 도감 : 세밀화로 그린 보리 어린이 도감》 백문기 지음
우리 땅에 살고 흔하게 볼 수 있는 나비 120종을 소개하는 책이에요. 관찰하기 어려운 나비의 날개 펼친 모습, 곧 암컷과 수컷의 날개 윗면을 세밀화로 그려 넣어 무늬를 견주어 볼 수 있어요. 봄형, 여름형, 가을형 등 철 따라 나비의 크기와 색, 무늬가 어떻게 다른지, 한살이 모습이 무리별로 어떻게 다른지도 알 수 있습니다.

《나비 나들이도감》
백문기 지음
우리나라에 살고 있는 나비종의 무리를 분류하고 각 무리별 차이점을 그림으로 쉽게 알려주는 책이에요. 또한 나비 생김새와 한살이, 나오는 때, 사는 곳을 알 수 있습니다. 길 잃은 나비와 멸종 위기에 놓인 나비, 국외반출 승인 대상인 나비도 알 수 있어요.

《나비》
로저 빌라 지음
이 책은 나비의 종류부터 생김새, 위장 방법, 생존 능력, 탄생 과정까지 미처 몰랐던 나비의 모든 것을 다룬 그림책이에요. 아름답고 화려한 나비의 겉모습 뒤에 숨겨진 치열하고도 끈질긴 생존 전략과 달인에 가까운 초능력을 만나 보세요. 나비가 얼마나 멋지고 대단한 곤충인지 배울 수 있을 거예요.

웹사이트

BUGGUIDE.NET
사이트에 접속해 보세요. 나비 이미지와 정보 및 나비종을 식별하는 방법에 대해 배울 수 있어요. 또한 북미 곤충에 대해서 더 자세히 알 수 있답니다.

BUTTERFLIESANDMOTHS.ORG
북아메리카의 나비와 나방종의 정보를 수집하고 공유하는 단체입니다. 여러분도 나비, 나방, 애벌레의 사진을 올릴 수 있어요.

BUTTERFLY-FUN-FACTS.COM
오크나비농장의 나비 애호가들이 운영하는 교육 블로그입니다.

MONARCHWATCH.ORG
Monarch Watch는 제왕나비를 보존하고 연구하는 프로그램입니다. 여러분이 사진이나 게시물을 태그해 올린다면, 나비 연구가에게 도움을 줄 수 있어요.

PLANTHARDINESS.ARS.USDA.GOV
이 웹사이트에서 식물 경도 구역 지도를 볼 수 있어요. 궁금한 지역이 있다면 검색해서 찾아보세요! 그리고 여러분의 나비 정원에 어떤 식물을 기르면 좋을지 알아보세요.

용어 풀이

곤충
6개의 다리와 3개의 주요 신체 부분, 더듬이를 가진 무척추동물.

기주 식물
애벌레가 먹이로 삼는 특정 식물 또는 식물군.

나비 연구가
나비와 나방을 전문으로 연구하는 과학자.

동면
겨울 동안의 수면 또는 휴식 상태.

* 이때 동물들은 활동하지 않아요. 몸에서 일어나는 여러 기능들의 속도도 느려집니다.

령
탈피와 탈피 사이의 시기.

멸종 위기
생물의 개체 수가 매우 적어 보호하지 않으면 완전히 없어지는 것.

무척추동물
곤충, 달팽이, 해파리와 같이 등뼈가 없는 동물.

번데기
애벌레가 어른벌레가 되는 과정 중에 완전한 변형을 겪는 곤충의 성인기.

생태계
서로 다른 생물들의 집단.

* 여기서 생물들은 서로 그리고 주변 환경과 상호작용을 합니다.

세대
거의 같은 시기에 존재하는 집단.

소멸
어떤 종이 더 이상 존재하지 않게 됨.

수분 작용
새로운 씨앗이 형성될 수 있도록 꽃가루가 한 식물에서 다른 식물로 이동하는 현상.

영역
곤충이나 동물의 고유 지역.

날개 길이
양쪽 날개를 다 펼쳤을 때 한쪽 날개 끝에서 다른 쪽 끝까지의 길이, 즉 날개 폭을 말합니다.

육식 동물
동물의 고기나 조직을 먹고 사는 동물(또는 식물)의 한 종류.

이주
계절에 따라 한 곳에서 다른 곳으로 옮겨 가는 것.

적응
식물이나 동물이 물리적 또는 행동적으로 변화하여 환경에 더 잘 맞게 되어 가는 과정.

종
생물을 분류하는 기초 단위.

진화
유기체의 유전자 구성에 한 세대에서 다음 세대 사이에서 일어나는 발전과 변화 과정.

탈바꿈(변태)
곤충들이 알에서 어른벌레로 발달하기 위해 겪는 다단계 과정.

탈피
성장하기 위해 오래된 외부 껍질을 벗겨 내는 것.

휴면 상태
생물의 성장과 활동이 일정 기간 정지되었을 때.

찾아보기

ㄱ
가슴 11, 14, 18
걸프표범나비 52
검댕날개팔랑나비 34
검은호랑나비 40
고치 22
곤충 11, 12, 16
관찰 일지 68
구름유황나비 45
기공 14, 18
기주 식물 17~19, 21, 25, 28, 63, 76
꿀 25, 32, 63

ㄴ
나방 11, 15, 22, 36, 70
나비 관찰 기록 71, 72
나비 연구가 10, 24, 68, 76
나비 키우기 키트 42
날개 11, 12, 14, 15, 22~28, 68
남방공작나비 56
노던메탈마크나비 70
녹색줄무늬흰나비 57

ㄷ
더듬이 11, 14, 15, 18, 22, 67
독 26, 28, 37, 52
독소 26, 37, 50
동면 17, 49

ㄹ
령 20, 21, 65

ㅁ
머드 퍼들링 26
머리 11, 14, 15, 18, 20, 39, 54
멸종 14, 29, 76
모르몬메탈마크나비 69
무척추동물 76
물음표무늬네발나비 60
미국뿔나비 54

ㅂ
방어 52, 61
배 11, 14, 19, 22, 23, 52
배추흰나비 47, 48
번데기 14, 16, 21~23, 27, 43, 53, 76
북극나비 10
분류 체계 12
붉은제독나비 61

ㅅ
생태계 29, 76
서던도그페이스나비 46
서부피그미블루부전나비 66
수분 작용 29, 76
슬리피오렌지나비 44, 46
신선나비 58

ㅇ

아래턱 19
알 16~20, 32, 41, 44, 51~53, 57, 59, 64, 65, 67, 69
애벌레 16, 18~22, 28, 32, 33, 37~39, 41~53, 56, 59, 64~67, 69
얼룩말나비 14
왕호랑나비 38
얼룩말호랑나비 41
외골격 11, 13, 20, 21, 24
월동 16
위장술 28
유리나비 23
육식 동물 77
은색얼룩무늬팔랑나비 32
이스턴호랑나비 37, 39
이주 16, 25, 36, 44, 46, 51, 54, 77
인시목 12, 13

ㅈ

작은멋쟁이나비 62
작은유리팔랑나비 33
작은주홍부전나비 65
적응 10, 11, 77
정원 34, 35, 39, 47, 56, 63, 67
제왕나비 12, 13, 20, 21, 36, 42, 50~52, 55
주둥이 14, 22, 25, 56
진화 10, 11, 77
집단 보금자리 26
짝짓기 14, 27, 40, 53, 57, 61, 64, 65

ㅊ

체크무늬팔랑나비 35
체크무늬흰나비 48

총독나비 55
추적 36

ㅋ

큰스팽글무늬표범나비 53
키틴질 11

ㅌ

탈바꿈 16, 18, 76
탈피 20, 21, 53, 64, 77

ㅍ

파이프바인호랑나비 37
팽나무황제나비 49
퍼들링 7, 26
펄크레센트나비 59, 60
페로몬 27, 66
프로드리야스 페르세포네 11

ㅎ

하베스터나비 64
화석 11
환경 10, 11, 15, 27, 29
회색부전나비 67
휴면 16, 26, 77

옮긴이 이은경
광운대학교 영문학과를 졸업하였으며, 저작권에이전시에서 에이전트로 근무하였다. 현재 번역에이전시 엔터스코리아에서 출판 기획 및 전문 번역가로 활동하고 있다. 주요 역서로는 《자연과 친해지는 법을 찾아서》, 《원자에서 우주까지 과학 수업 시간입니다》, 《우주에서 바닷속까지 똑똑한 모험책》, 《멘사퍼즐 두뇌게임》, 《청소년을 위한 극탐험 이야기》 등 다수가 있다.

나비 관찰 백과
작은 애벌레로 태어나 아름다운 날개를 펼치는 위대한 나비 이야기

1판 1쇄 펴낸 날 2022년 12월 7일

지은이 로렌 데이비슨
옮긴이 이은경
주간 안채원
책임편집 장서진
편집 윤대호, 채선희, 윤성하
디자인 김수인, 김현주, 이예은
마케팅 함정윤, 김희진

펴낸이 박윤태
펴낸곳 보누스
등록 2001년 8월 17일 제313-2002-179호
주소 서울시 마포구 동교로12안길 31 보누스 4층
전화 02-333-3114
팩스 02-3143-3254
이메일 viking@bonusbook.co.kr
블로그 http://blog.naver.com/vikingbook

ISBN 978-89-6494-596-4 73490

바이킹은 보누스출판사의 어린이책 브랜드입니다.

• 책값은 뒤표지에 있습니다.

작은 애벌레로 태어나 아름다운 날개를 펼치는 위대한 나비 이야기

여러분은 나비에 관해 더 알고 싶다고 느낀 적이 있나요? 왜 나비의 날개는 화려하고 다채로운 걸까요? 통통한 애벌레는 어떻게 아름답고 우아한 나비로 변하는 걸까요? 이 모든 게 궁금하다면, 여러분이 바로 어린이 과학자랍니다! 이제 여러분은 애벌레가 어떻게 성장하는지, 번데기 안에서 무슨 일이 일어나는지 모두 알게 될 거예요. 나비에 대해 배우면서 밖에서 만나는 나비들과 더욱 친해질 거랍니다.

놀라운 나비들
통통한 애벌레는 어떻게 아름답고 우아한 나비로 변하는 걸까요? 번데기가 되면 그 안에서는 무슨 일이 일어나는 걸까요? 함께 알아봐요.

전 세계에서 볼 수 있는 나비 32종의 프로필
제왕나비, 이스턴호랑나비, 남방공작나비, 배추흰나비 등 독특하고 다양한 나비들을 만나 보세요.

흥미 만점! 관찰 체험 활동
나비 키우기 키트를 이용하는 방법과 주의 사항, 직접 만들어 보는 나비 정원, 나만의 나비 관찰 일지 쓰기 등 재미있는 활동이 가득해요.

바이킹 어린이 과학 시리즈

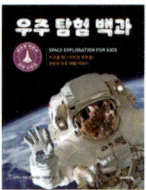

값 12,000원

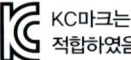
KC마크는 이 제품이 공통안전기준에 적합하였음을 의미합니다.

품명 : 나비 관찰 백과	주소 : 서울시 마포구 동교로12안길 31 보누스 4층
제조사명 : 바이킹	
제조국명 : 대한민국	제조년월 : 판권에 별도 표기
전화번호 : 02-333-3114	사용연령 : 7세 이상

ISBN 978-89-6494-596-4
73490

⚠ 책을 입에 대거나 모서리에 다치지 않게 주의하세요.